지구가 뜨거워요

지은경 시집

시인의 말

환경문제는 지금 어느 때보다 심각합니다. 환경오염은 기후를 변화시키고 기후가 변하면 지구가 바뀌고 우리 삶이 바뀝니다. 지구의 변화는 지구촌에서 함께 살아가야 하는 인류의 건강과 생존의 문제가 됩니다.

생태문학은 친환경문학으로 eco라고도 하며, eco는 eco-friendly의 약자로 親環境, 즉 지구 환경을 파괴하지 않는다는 의미로써 생태학적 인식을 바탕으로 자연과 인간은 함께 더불어 살아가야 한다는 것을 개념화하는 문학입니다. 친환경적인 세계를 지향하는 문학철학으로 추상적 개념을 명확하게 현실화함을 시로 형상화하여 널리 알리고자 합니다.

시집 『지구가 뜨거워요』는 《월간신문예》 117~131호에 연재한 시들을 하나로 묶어 보았습니다. 지금도 지구를 살리기 위해 묵묵히 실행하는 환경애호가님들께 이 책을 바칩니다.

2025년 6월 20일
녹번동 집필실에서
시인 **지은경**

지은경 시집 / **지구가 뜨거워요**

시인의 말

1부 지구가 뜨거워요

알고 계세요?	8	네오 아방가르드	15
탄소중립은 친환경	9	오펜하이머의 이중주	16
생명이 위험해요	10	방사선 폐기물	17
놀라지 마세요	11	자연에서 배우기	18
정신줄 놓은 지구	12	뜨거워지는 지구	19
지구가 뜨거워요	13	기후 예측 불가능 시대	20
기후 아방가르드	14	문명이 저주가 되다	21

제2부 인류세

문명의 폭력성, 자연의 폭력성	24	풍력 에너지	32
허공의 플라스틱	25	동물들의 자살	33
기후 경고등	26	친환경 일루미네이션	34
인류세人類世란	27	극친환경 조명등	35
깨어나라 무감각	28	KTX 이음 열차	36
기후 공부 1	29	지구가 뜨겁다 2	37
기후 공부 2	30	기후 이변은 농업에 치명적	38
소시민이 할 수 있는 것들	31		

제3부 친환경 에너지

탄소 중립	40	파리 기후협약	49
친환경 에너지 1	41	지구 새 에너지 시대 1	50
친환경 에너지 2	42	지구 새 에너지 시대 2	51
친환경 에너지 3	43	지구 새 에너지 시대 3	52
친환경 에너지 4	44	빙하가 녹고 있어요	53
석유가 고갈되면	46	얘들아 미안해	54
지구를 위하여 1	47	마음만은 오염되지 않게	56
미래 세대를 위하여	48		

제4부 갈대숲

청정 수소 개발	58	유럽의 활약	66
바이오에너지	59	글로벌 원전 시대	67
지구의 환경오염 문제	60	그린워싱 greenwashing	68
ESG 캠페인	61	충청남도 홧팅!	69
바다가 답이다	62	바다 수면이 높아지면	70
갈대숲	63	탄소 중립 국가에	
유럽의 혁신	64	환경 노벨상을	71
있을 때 잘해	65	자연이 하는 말	72

제5부 생수병의 비극

5대양 7대주 74	바다가 많이 아파요 82
생수병의 비극 75	한국 공기는 맑음 83
산업폐기물 자본논리로 76	폭염이 수상하다 84
여름이 8개월 77	쓰레기통의 말 85
원전 환경안전 괜찮은가 78	상속시대 상실시대 86
다회용기 사용 캠페인 79	바닷꽃 잘피 87
포도주 맛이 이상해 80	11월의 크리스마스 88
내일이면 늦으리 81	

제6부 가파도의 눈물

11월의 첫눈 90	탄소중립이 답이다 98
친환경 수소에너지 91	지구에게 99
문명은 행복한가 92	포항시의 도시 숲 100
먹이사슬 위험사슬 93	기후위기 101
플라스틱을 먹었어요 94	태양광에너지는 무한 102
칼라플한 플라스틱 95	가파도의 눈물 103
이런 나라도 있어요 96	인식의 숲 104
태평양에 플라스틱 섬 97	

해설

이 지구를 살리고자 애쓰는 시인이 있다니 **이승하** 105

1부 지구가 뜨거워요

알고 계세요?
탄소중립은 친환경
생명이 위험해요
놀라지 마세요
정신줄 놓은 지구
지구가 뜨거워요
기후 아방가르드
네오 아방가르드
오펜하이머의 이중주
방사선 폐기물
자연에서 배우기
뜨거워지는 지구
기후 예측 불가능 시대
문명이 저주가 되다

알고 계세요?

저 현란한 색깔과 모양 좀 봐
쇠처럼 녹슬지 않고
가볍고 튼튼하고 썩지도 않는

그릇 한 개 만드는 데 5초
사용하는 데 5분
분해되는 데는 500년 걸린대요

태평양 바다에 플라스틱 섬이 생겼어요
새들이 플라스틱을 쪼아 먹어요
물고기가 기형이네요

현대는 플라스틱 시대
썩지 않는 유해성 화학물질
인류 최고의 발명품이
인류 최악의 발명품이 되었어요

탄소중립은 친환경

넷제로Net Zero를 아세요
가스 배출량과 흡수량이 균형을 만들어
탄소중립을 인위적으로 하는 거예요

이산화탄소는 식물의 광합성만으로도
자연계가 균형을 이루며 순환되지요

대기 중의 이산화탄소 농도는 0.4%
화학공장에서 나오는 탄소 농도는 10%

산업혁명 이후 14배나 높아진
이산화탄소 줄이지 않으면
지구 온도가 올라가 대재앙을 불러요

아민Amin 흡수제를 넣어 탄소를 포집해
포집된 탄소를 바다 속에 저장하면
단단한 탄산염이 되고

암석화된 탄산염을 건축자재로 쓰면
친환경적인 탄소중립 방법 연구 중이지요

생명이 위험해요

해변에 수십 마리 고래가 올라와 휘청이고
지렁이를 먹은 새들이 노래 부르지 않아요

화학비료 살충제 먹은 생명들이 죽어가니
사람의 생명들도 위험하고 불안해요

오늘도 유전자 변형 콩자반 먹고
프라이팬 테프론을 긁어먹고
매일매일 미세 플라스틱을 핥아요

알 수 없는 천식이 멈추지 않고
생리가 끊겨 병원에 가니 ××이래요

일본인과 한국인에게서 많이 발견되는
뇌의 혈관이 막히고 마비되는 모야모야병
오! 세상에 들어보지 못한 병명이에요

인류가 만든 발명품들이
인류의 족쇄가 되었어요

놀라지 마세요

우리가 그동안 뭘 먹고 산 줄 아세요

한 달에 한 장씩 신용카드를 먹었대요

그게 사실이에요?

플라스틱을 먹고 자란 우리 아이들

플라스틱 인간이 되어가는 거 아니에요

발명이 살인이네요!

인류는 살인자가 되었어요!

정신줄 놓은 지구

23년 7월 31일 미국 캘리포니아
폭염으로 낮 기온이 36도가 넘었다

극심한 더위를 견디다 못해
야생 흑곰이 가정집 수영장에 뛰어들었다

기후 재난으로 야생동물들이
인간 가까이 다가오고

그들이 가까이 올 때
바이러스도 함께 따라 왔다

사스 · 메르스 · 에볼라 · 지카
코로나19가 그렇다

지구 온난화가 급속히 진행되자
홍수 · 폭염 · 태풍 · 산불 · 한파가 계속된다

자정작용을 하던 지구가
자동조절시스템을 잃었다

지구가 뜨거워요

우리 몸에 열이 나면
원인을 알아내어 치료한다

해열제를 먹거나
아스피린을 먹는다

지구가 열이 나면
어떻게 하나

육류 소비 줄이고
화학비료 줄이면

온실가스 감축되어
지구 열이 내린다

기후 아방가르드

K- 탄소시장 오픈식 날
인공 숲을 팔아요

유럽에선 탄소 1톤에 1만3천 원
K-기술은 7천8백4십 원
2배나 쌉니다

2024년 생산 공장 완공 예정
탄소 포집해 만든 보도블럭으로
영구적인 건축자재로 사용해요

청정 수소도 생산해요
K-기술 정말 대단해요

탈장르 아방가르드
경쟁력은 성장동력이 됩니다

네오 아방가르드

궁측통!
K-기술혁명

궁하면 통한다구요
없으면 만들어냅니다

새로운 기술혁명
인류는 극복의 신화자

현생 인류는
불패의 신화적 존재

K-기술혁명
한국이 선두주자가 됩니다

오펜하이머의 이중주

원폭의 아버지 오펜하이머
한국에 해방을 안겨준

원자폭탄!

그런데.
후쿠시마 원전사고
오염수 방출 안전할까요

일본이 30년 동안 방류하는데
이웃나라인 대한민국은 괜찮을까요

세계인의 건강
안심할 수 있나요?

방사선 폐기물

원자력 발전소가
한때 중단됐다

중단은 중단으로 끝나지 않았다

고준위 방사선 폐기물
어떻게 처리하나 고민이다

밥 먹고 토사물 팽개치면
오물 속에 살게 된다

핵연료 영구처분 시설은
30~40년 걸린단다

원전은 탄소제로로 가스 배출이 없다
프랑스에선 원전 12기를 세우고
영국에선 원정 8기를 세운다는데

우리는 있는 원전마저 폐쇄하여
방사선 폐기물 만들고 있다

자연에서 배우기

큰 나무는 큰 나무대로
작은 나무는 작은 나무대로

살아남기 위해서
이파리마다 부지런히 물도 나르고
햇님에게 방긋 아침 인사도 한다

벌 나비 불러 모아 꿀도 나누어준다
나무는 그러면 받아먹기만 하느냐
아니지요…
열매 맺도록 부지런히 입술을 맞댄다

지구촌 사람들도 나무 보고 배우며
입 맞추고 꿀도 사랑도 나누기 한다

뜨거워지는 지구

24년 5월 29일
인도 뉴델리의 낮 기온이
52.3℃까지 치솟았다

살인 폭염은
지구 온난화와 직결된다

지구 온난화란 말로는
표현이 부족하다

해마다 지구는 가장 뜨거웠던 해로
기록을 경신하고 있다

이산화탄소 농도가
역대 최고치를 기록하면서

모기, 진드기로 인한
전염병이 창궐하면
식량문제로 이어진다

기후 예측 불가능 시대

장마가 끝나야
폭염이 오는데

폭염, 폭우가 동시에 오는
기후 이변 시대

극한의 기후에
대비책은

지구의 체온을 식혀주는 것
탄소중립에 지구인이 나서는 것

문명이 저주가 되다

가장 값싸고
가장 가볍고

완전 밀봉 가능하고
완벽에 가까운 재료

뭔지 아세요?

썩지도 죽지도 않는 재료
매립 소각할 수도 없는 재료

모순의 발명품
저주가 될 줄이야

제2부 인류세

문명의 폭력성, 자연의 폭력성
허공의 플라스틱
기후 경고등
인류세人類世란
깨어나라 무감각
기후 공부 1
기후 공부 2
소시민이 할 수 있는 것들
풍력 에너지
동물들의 자살
친환경 일루미네이션
극친환경 조명등
KTX 이음 열차
지구가 뜨겁다 2
기후 이변은 농업에 치명적

문명의 폭력성, 자연의 폭력성

문명이 안겨주는 안락함이
무분별한 개발로 파괴된 자연
생태계가 가쁜 숨을 몰아쉰다

문명이 폭력성을 드러내니
이상기후가 그 대가를 치른다

여름엔 살충제 사용으로 벌들이 사라지고
가을엔 사과가 열리지 않는다

산을 깎고 나무를 베어내고
케이블카를 타며 즐거워했다

인간이 자연에게 폭력을 가하니
자연도 인간에게 폭력으로 대응한다

허공의 플라스틱

놀라지 마세요
우리가 숨 쉬고 있는 공기에서도
미세플라스틱이 검출됐어요

우리나라 국민 1인당 플라스틱 배출량은
연간 90kg으로 호주에 이어 세계 2위
배달음식문화가 해마다 30%씩 증가해요

국토 면적은 좁고 인구밀도는 높고
쓰레기 리스크가 큰 우리나라는 쓰레기 전쟁 중
××지역에서 '소각장 반대' 공동이용 거부합니다

해마다 6월 5일은 세계환경의 날
1973년 국제사회가 지구환경보전을 위해
해마다 기념행사를 갖습니다

환경의 날, 제주도는 일회용컵 보승금세글 도입
플라스틱 줄이기에 앞장서 왔는데, 이젠
환경을 위해 국민 모두 동참해야 해요

기후 경고등

4월부터
동남아시아에서는
섭씨 45도를 웃돌고
5월에 인도는
이미 50도를 넘었다

두바이에선
일 년치 강수량이 한꺼번에 쏟아져
사막은 물바다가 되었고

브라질과 동아프리카에선
폭우로 수백 명이 숨졌다

기후가 완전히 제 길을 잃었다

인류세 人類世란

1995년 노벨화학상을 수상한
네델란드 화학자 파울 크뤼천은
2001년을 인류가 지구의 환경에
큰 영향을 준 시기로 규정하고
이를 인류세라 명칭했다

1800년대 산업혁명 시대와
제2차 세계대전이 끝난 1950년경
화학연료 사용이 급증하기 시작하면서
기체화합물이 성층권의 오존층을 파괴했다

화석연료를 대량으로 사용하면서
배출된 온실가스로 기후변화가 시작되고
화석연료 사용은 대기오염을 가속화했다

지구환경 변화로 산림이 감소하고
멸종생물이 가속화되면서
여행이나 무역으로 옮겨진 특정 생물들이
환경을 변화시켜 나라마다 골머리를 앓고 있다.

깨어나라 무감각

지구가 태어난 지 45억 년
인류가 출현한 건 10만 년
인류세Anthropocene!

분명한 것은
인간이 버린 쓰레기가 문제야
쓰레기에 압도당한 저 자연 좀 봐
살기 위해 죽어야 하는 모순

문명의 개발로 몸살 앓는 지구
과학의 발달은 치명적 타격
환경오염, 대기오염은 지구온난화의 주범

혁명이 두려운가
왜 아직도 우물쭈물하나
무덤에서 깨어나야 하는
우리들의 무감각이여!

기후 공부 1

탄소중립 공부입니다

에너지 사용할 때 발생하는
온실 가스는 기온을 빨리 상승시켜
기후변화의 주범이 됩니다

온실가스에는 이산화탄소가 있어요
바로 탄산가스지요
탄산가스에 중독되면 생명이 위험하지요

탄소 흡수율을 높이면 되겠지요?
산림 조성하고
습지를 보존하고
농작 방식을 변경하고…

식물, 토양, 해양을 이용해
지구온난화를 낮출 수 있어요

기후 공부 2

무탄소 에너지에 무엇이 있을까요

태양광, 풍력, 수력, 원자력,
원전, 수소, CCUP(무탄소에너지)가 있어요

이산화탄소를 배출하지 않는 에너지는
대기오염, 수질오염, 토양오염이 없는 에너지로
무탄소 에너지라 하고
환경친화적인 에너지라고 말하지요

무탄소 에너지를 개발 증대시키면
환경오염도 줄일 수 있어요

소시민이 할 수 있는 것들

소시민이 할 수 있는 것은
줄이고 아끼는 것
가을을 여름으로 살고 싶지 않아서

소시민이 할 수 있는 것은
쓰레기 줄이기
분리수거 철저히
음식물 남기지 않기
에어컨 최저온도 유지하기

소시민이 할 수 있는 것은
사용하지 않는 전기코드 뽑기
일회용품 쓰지 않기
이면지 사용하기
아껴 쓰는 습관 길들이기

지구온도 상승 막기 위해
안락한 인류 보금자리 위해
소시민이 할 수 있는 것들

풍력 에너지

지금은 탈탄소 에너지 시대

한국이 국제사회에 제안한
무탄소 에너지 캠페인!

연료비용 절약되고
연료 소비 줄일 수 있는

무탄소 에너지!

탄소 배출 제로이고
공급 안전성 최고이며
비용 효과성 최고인

오!
무한에너지원이에요

동물들의 자살

꿀벌들이 사라지고
고래와 펭귄이 집단으로 자살했다
동물들이 식음을 전폐하고 자살한다니

전문가들은 자살의 원인을
해양오염이나 온도변화를 이유로 든다
기후 변화가 생태계를 교란시키니
동물도 식물도 고통을 견디기 힘들다

친환경 일루미네이션

일본 도쿄 고탄다 역에서 오사키 역 사이
메구르가와 작은 강변엔 겨울이 오면
60일간 벚나무에 화려한 조명이 장식한다

음식점에서 회수한 폐식용유를 모아
바이오디젤 연료로 정제한 후
발전기에 넣고 전기를 만든 것이다

2200리터의 연료는 고탄다 역과 오사키 역
한 정거장 거리를 밝혀 겨울의 풍물이 되고 있다
2011년 후쿠시마 대지진 후
이 지역 커뮤니티 사무국 직원이
참담한 상황에서 의미 있는 일을 생각해 낸 것이다
누구나 부담 없이 참여하여 자신들이 만들어낸 에너지로
불을 밝힐 수 있는 이벤트를 생각해 낸 것이다

극친환경 조명등

일본의 니소루 회사는
생명체가 서식하는 식물과 토양이
물의 뿌리에서 발생하는 세균과
미생물의 순환작용으로 생긴 에너지를 양전극으로 모아
24시간 지속적으로 전기를 생산한다

식물은 자라는 환경만 있으면 전기를 생산할 수 있다
토양의 미생물은 전분을 먹고 전자를 방출한 미생물이
방출한 전자를 모아 빛으로 변환하는 메커니즘이다

마이너스 전극을 담당하는 마그네슘판과 플러스 전극을
맡은 비장탄備長炭을 식물이 있는 흙 속으로 삽입하여
케이블과 LED 제어기판을 연결하면
전원이 공급되고 LED 조명이 켜진다

건전지 3개 정도지만 3V 정도의 전압이 발생해
작은 조명을 빛나게 하기엔 충분하다
어둠을 밝히는 라이트로 충분해 친환경 혁명기업으로
세계를 놀라게 하는 기술을 개발해 사람들을 놀라게 했다

KTX 이음 열차

'KTX 이음'은 전기로 운행하는
저탄소 친환경 고속열차이다

국내기술로 탄생한 최초 동력분산식으로
2021년 1월 5일 첫 운행했다
최고속도는 260km
노선은 청량리에서 안동까지이다

기존 열차와 다른 점은
창문이 연결돼 있지 않고
좌석마다 따로 되어 있어
가림막을 내리거나 올리거나
다른 사람 눈치 볼 필요 없다

지구가 뜨겁다 2

지구가 뜨겁다
아니 펄펄 끓는다

폭염이 폭우를 몰아오고
극심한 가뭄에 대형 산불

유럽 바다는 85%가 다이옥신
죽음의 바다래요

바다가 사망 선고를 했어요
지구 좀 챙겨주고 싶어요

기후 이변은 농업에 치명적

세계는 폭염, 가뭄, 집중호우 반복
기후가 변하니 모든 게 바뀐다

기후 위기에 따른 위험은
농업분야에 치명적이다

논농사 짓는 일본 외 19개국이 모여
이상기후 대응을 위한 세미나를 한다

물 공동 사용법
효율적 물 관리
정보를 교환한다

관개시스템 현대화기술교류하고
한국은 식량 안보를 공유한다

제3부 친환경 에너지

탄소 중립
친환경 에너지 1
친환경 에너지 2
친환경 에너지 3
친환경 에너지 4
석유가 고갈되면
지구를 위하여 1
미래 세대를 위하여
파리 기후협약
지구 새 에너지 시대 1
지구 새 에너지 시대 2
지구 새 에너지 시대 3
빙하가 녹고 있어요
얘들아 미안해
마음만은 오염되지 않게

탄소 중립

넷제로Net Zero를 아세요
가스 배출량과 흡수량이 균형을 만들어
탄소중립을 인위적으로 하는 거예요

이산화탄소는 식물의 광합성만으로도
자연계가 균형을 이루며 순환되었어요

산업혁명 이후 14배나 높아져
이산화탄소를 줄이지 않으면
지구의 온난화가 대재앙을 가져와요

대기 중의 이산화탄소 농도는 0.4%
화학공장에서 나오는 탄소 농도는 10%
아민Amin 흡수제를 넣어 탄소를 포집하지요

포집된 탄소를 바다 속에 저장하면
단단한 탄산염이 되고
암석화된 탄산염은 건축자재로 쓰여
친환경적인 탄소중립 방법이 되지요

친환경 에너지 1

지구가 아프면
인류도 아파요

태양광 에너지와
풍력발전 에너지는
친환경 에너지

모른 체하는 무관심은
범죄가 될 수 있어요

지구의 아픔을
인류가 함께 아파해야 합니다

친환경 에너지 2

지열 에너지와
수열 에너지는
친환경 에너지!

온실가스 배출 피할 수 있는
지열 에너지는
지표면의 열 손실이 없고
가스나 석유처럼
화재나 폭발 위험도 없다

수열 에너지는
여름에 대기보다 온도가 낮아 시원하고
겨울에는 실내 냉기와 교환하여 따뜻하다

지열 에너지와
수열 에너지는
친환경 에너지!

친환경 에너지 3

수소에너지의 원료는
지구상의 풍부한 물이 자원

연소할 때 극소량의 질소와 물
공해물질은 전혀 발생하지 않는다

자동차 연료로 사용하게 되면
온실가스 걱정하지 않아도 된다

수소는 저장도 가능해
액체, 고체 저장기술 연구 중

수소에너지는 경제성도 매우 높은
청정에너지 사랑해요

친환경 에너지 4

그레이수소 에너지
블루수소 에너지
그린수소 에너지

오염물질을 배출하지 않는
수소는 친환경 연료 에너지

메탄가스가 주원료인 그레이수소 에너지는
이산화탄소 배출로 친환경은 아니다

블루수소 에너지는 천연가스의 주성분인
메탄가스가 주원료 친환경성이 높다

그린수소 에너지는 물을 전기분해하여
수소와 산소로 분리 배출 생산한다

그린수소 에너지는
물의 전기분해를 통해 수소를 얻는 방식으로
태양광이나 풍력의 재생에너지에서 얻는다

전기에너지를 물에 가해 수소를 생산
완전한 친환경 원료로 사용할 수 있는
그린수소는 가장 친환경적인 에너지다

석유가 고갈되면

현대문명의 기반이 되는 석유!
인류가 쓸 수 있는 기간은 50년

세계는 신재생 에너지 개발에
적극적인 박차를 가한다

그레이수소 에너지
블루수소 에너지
그린수소 에너지

탄소중립시대에
화석연료에서 수소를 생산해낸다

사우디는 일본에 40톤을 수출했다
우리나라도 수소자동차가 출시됐다

석유가 고갈되기 전에
친환경에너지 개발이 절대 필요하다

지구를 위하여 1

2020년 코로나19가 전 세계를 강타하면서
환경문제에 세계인의 이목이 집중됐다

코로나19는 야생동물이 매개
인간의 산업화라는 문명개발이
동물의 서식지 파괴가 원인이 되었다

생태계가 무너지면서
바이러스가 인간세계로 옮아온 것이다

동물들이 안전해야
인간의 삶도 안전하다

미래 세대를 위하여

지구의 온난화는 전 인류의 위협
북극 얼음이 녹아 육지가 줄어든다

얼음이 녹으면서 수천 년 수만 년 전의 바이러스가
또는 알 수 없는 세균들이 일상에 스며든다

지구 온난화로 폭염, 허리케인, 폭설, 폭우 등
이상기후 현상이 자주 발생한다

지구를 내 것인 양
마음대로 훼손한 댓가를 받고 있다

미래 세대에게 물려 줄
환경유산 재점검 고민해야 된다.

파리 기후협약

지구의 온도가 자꾸 올라간다
2100년이 되면 3~5℃ 높아질 것이란다
주범은 이산화탄소, 메테인, 이산화질소
모두 온실가스들이다

온실가스가 태양으로부터 받은 복사에너지가
대기 중에 머물며 지표면의 온도를 높인다
이것이 지구 온난화 현상이다

사람의 체온이 1.5℃ 높아지면
고열증상으로 병원에 가야 한다

산업혁명 이후 기온이 1℃만 올라가도
기후 재앙을 당했다
2015년 파리에 2백여 국가가 모여
지구평균기온 1.5℃ 넘지 말자고 기후협약을 했다

햇빛, 바람, 바다 등은 풍부한 천연자원으로
고갈을 염려하지 않아도 되는 하늘이 준 자원
파리 기후협약을 지켜야 한다

지구 새 에너지 시대 1

수소에너지 시대가 오면
사회가 바뀔 것이다

물이나 천연가스에서
수소를 분리, 연소시켜 얻은 에너지

연소시켜도 산소와 결합하여
물이 되므로 환경오염에 문제없다

그레이수소는 석유화학
철강생산 공정에서 발생하는
이산화탄소를 포집해 블루수소를 만든다

탄소지우개의 완결판
그린수소에 기대를 건다

그러나 그레이수소의 수배가 되는 생산단가
급성장으로 생산량이 많아지면 단가도 내려갈 것이다

지구 새 에너지 시대 2

수소를 싸게 생산하게 되면
수소전지가 대중화가 되면

현재 리듐이온 배터리에 비해
에너지 밀도는 100배가 된다

승용차, 트럭, 버스, 기관차, 선박 등
대형운송수단에 우선 이용될 전망이다

수소 폭발의 위험성을 걱정하지만
특수용기에 압축하거나 액화로 저장하면 된다

더 중요한 건 생산, 응축, 이송의
비용이 천문학적이란 것이다

그러나 과학기술의 도전과 노력으로
해결될 것으로 기대한다

지구 새 에너지 시대 3

신재생 에너지 시대가 오면
환경오염 문제는 걱정 없다

4차산업 인공지능이 일상화되며
새로운 시대가 서막을 연다

두려워 움츠린 자는 원시인이 되고
걸어가는 자만이 미래의 세계에 들어선다

세상의 모든 길은 처음엔 길이 아니었다
가는 자만이 신세계 길의 영화를 볼 것이다

* 한동훈 법무장관 시절 말을 차용

빙하가 녹고 있어요

그린란드 빙하氷河가
시간당 3,000만 톤이 녹아내리고 있어요

지구의 육지 위로
범람한다는 뜻이 되지요

그게 문제가 아니에요
해수순환시스템이 붕괴되면

극한 기후 변화가 예고되어
인류에 엄청난 피해를 알리는 신호탄이지요

생태교란으로 식량문제가
심각하게 되지요

얘들아 미안해

미안해
정말 미안해

한국전쟁 이후
너무 가난해서
열심히 산 것뿐인데

잘살아보자고
일한 것뿐인데

북극 얼음이 녹아
육지는 물에 잠기고

지독한 가뭄으로
여기저기 큰 산불이 나고
치명적인 전염병이 도는구나

설마, 설마
그렇게까지 되겠어
안일한 생각이 현실이 되었어

지구의 재앙은
인류의 무분별한 개발과
문명의 발전이
고스란히 우리에게 돌아오는구나

아들딸들아 미안해
지금이라도 늦지 않았어
환경보호 캠페인 앞장서서
지구 살리기 운동할게

마음만은 오염되지 않게

대기오염만 위험한 게 아니라
사람 마음의 오염도 살펴야 한다

우울증, 조울증, 불안장애, 스트레스
자살 세계 1위는 대한의 오명

모차르트의 선율에 힐링하고
고흐의 명화로 힐링해 보자

정신 치유의 제일인 것은
글쓰기로 아픔을 녹여내는 것

막연한 것 같지만
고통이 완화되고 영혼이 맑아진다

제4부 갈대숲

청정 수소 개발
바이오에너지
지구의 환경오염 문제
ESG 캠페인
바다가 답이다
갈대숲
유럽의 혁신
있을 때 잘해
유럽의 활약
글로벌 원전 시대
그린워싱greenwashing
충청남도 홧팅!
바다 수면이 높아지면 탄소 중립 국가에
환경 노벨상을
자연이 하는 말

청정 수소 개발

한화그룹, 두산, SK 등 대기업이
전 세계에서 처음 입찰 시장을 개설

청정수소 발전 입찰 준비 중
청정 수소는 가스에서 탄소를 포집하여
무탄소로 만드는 수소연료

수입한 LNG(액화천연가스)에서
탄소를 포집하여 블루수소를 만드는 것이다

풍력 태양광 등으로 물을 분해해
블루수소를 만드는 것이다

바이오에너지

시골에 가면 가축 분뇨는 악취의 주범
우분, 돈분, 계분에서 발생하는
메탄(CH_4)을 회수해 자원화하는 방법이
바이오에너지 사업으로 전환한다

온실가스 감축을 위해
가축분뇨를 토지 개량에 사용하고
바이오 가스시설로
에너지를 전기공급화 할 수 있단다

가축 분뇨 에너지화가
바이오가스를 생산해
환경오염을 방지하고
재생에너지를 확대 보급하여
기후 변화에 대응한다네요

K-기술혁명 위대합니다

지구의 환경오염 문제

전쟁이 문제라구요?
청소년 약물 남용이라구요?

아니, 아니요…

그럼 정치적 증오
이데올로기가 문제라구요?

아니, 아니요…

범죄와의 전쟁
가짜 뉴스가 문제라구요?

아니, 아니요…
환경오염이 더 큰 문제에요

ESG 캠페인

ESG로 바꿔 봐요

Environmemt 환경
Social 사회
Governance 지배구조

ESG로 바꿔 봐요

폐플라스틱 재활용은
친환경 전시기념품을 만들어
판매 수익금으로 다시
와인마개, 열쇠고리, 에코백
스카프, 쿠션의 친환경 소재
아티스트가 예술로 형상화해
기업이 사주고 국민이 팔아주어
환경보호 캠페인 실천하면
지구촌 살리기 운동 끝!

이 운동에 문인들도 참여해요

바다가 답이다

대한민국은 국토가 작다
삼면이 바다인 우리나라는
국토보다 넓은 바다가 있다

바다에는 잘 자라는 해조류가 많다
미역이나 해조류는
수소를 추출하는 에너지 자원

탄소를 전혀 쓰지 않을 수 없고
기후 위기 대처를 위해
화학에너지 대신
재생에너지를 활용하면 좋다

기후 변화는 지구촌 문제
지구의 ⅔가 바다다
해조류에서 해결점을 발견한다

갈대숲

머리카락 흩날리며
사람들의 시선을 사로잡는
자연의 풍경 그대!

그대는 먼지를 걸러주고
공기를 정화시키며
수질 개선에 도움을 준다

유익한 먹이를 제공하고
생태계에 균형을 유지시켜주며
다양한 동물들의 서식지가 된다

사람들에겐 건강한 산보공원
힐링의 공간 만들어주는
자연의 청정정화가 바로 그대

유럽의 혁신

CBAM이 뭔 줄 아세요?

Carbon
Border
Adjustment
Mechanism
탄소국경관리제도의 약자예요

EU로 철강, 시멘트, 알루미늄
비료, 전력, 수소 6개 분야 수출할 때
탄소 배출량을 보고해야 하는 거지요

기업들 수출하기도 어렵다는데
큰 숙제를 안겨주고 있어
살기가 점점 어려워지네요

그래도 후손에게 물려 줄
지구촌 살리기 위한 운동에
작은 해결책에도 협조해야지요

있을 때 잘해

모든 생물은 생존을 위해
에너지를 생식에 쏟아 붓는다

그러니 있을 때 잘해
이혼할 때 후회하지 말고

그래 있을 때 잘해
임종 때 후회하지 말고

유행가 노래가 철학이다

지구촌의 수컷들아
너희가 사정한 것이
전부 새끼 깔 줄 알았지?

죽기 살기로 싸워 서열을 지키면 뭘해
젊은 암컷들이
너 닮은 자식 하나 낳아주지 않잖아

있을 때 잘해!

유럽의 활약

탄소 제로에 사활을 건
유럽은 녹색성장으로 변신 중

화력발전을 지양하고
자연 에너지가 최대 관심사다

태양열, 풍력 에너지에 올인
그다음이 원전에 몰입한다

쓰레기를 압축 사용하여
탄소 배출량을 줄인다

우리도 배울 것은 배우자
좋은 것은 배우자

글로벌 원전 시대

탄소 배출량 0인
원전의 잠재력을 개방하면

원전은 청정에너지이며
가장 저렴한 에너지로
탄소중립 달성할 수 있어요

프랑스는 2050년까지
원전 14기 건설 계획
중국은 40기 추가건설 계획
영국은 8기를 새로 짓는답니다

재생에너지만으론
탄소 중립할 수 없어요

힌 국은 한때 있던 원전마저 폐쇄하는
참으로 어처구니없는
감각기관 꽉 막힌 정책을 했네요

그린워싱greenwashing*

친환경 이미지를 빌린 기업이
경제적 이윤을 높이고 있다

기후위기 대안으로 나온
탄소 배출 줄이는 전기자동차

전기자동차의 재료는 리듐
리듐 채굴은 개발도상국에서 이루어진다

리듐의 23.6%는 남아메리카 칠레의
고원지대 소금호수이다

채굴이 시작되자 지역 곳곳에서
물 부족으로 지하수 생태계가 파괴되었다

기후위기 대안의 선진국이
개발도상국의 환경오염에 눈 감고 있다

전기차 탄소배출 감소 ? 맞습니다
그러나 대중교통 강화가 훨씬 좋은 겁니다

* 허위친환경! 친환경경영을 앞세워 경제적 이익을 보는 행위.

충청남도 홧팅!

석탄 화력발전소 절반이
충남에 모여 있습니다

석유화학 업체, 제철소 등
온실가스 과다 배출 업종이
거의 충남에 몰려 있습니다

우리나라 온실가스 전체 11%가
충남에서 배출됩니다

전국 꼴찌에서 1등 목표로
탄소 배출 감소를 위해
충남이 발 벗고 나섰습니다

충남의 탄소 중립은
바로 국가의 탄소 중립이니까요

충청남도 엄지 척입니다

바다 수면이 높아지면

바다와 닿아있는 빙하는
지구의 열에너지 90%를 흡수한다

펄펄 끓는 용광로로 변해가는 바다
바다는 더 이상 푸른 바다가 아니다

빙하가 녹으며
염분 없는 담수가 유입되면
바다의 생태계는 위험해진다

바다 수면이 66m 상승하면
부산, 울산, 인천, 서울이 바다에 잠긴다

바다의 꽃 산호가 죽어가는 바다
이대로 미래세대에 물려줄 수 없다

탄소 중립 국가에 환경 노벨상을

환경오염과 기후문제는 직결
그러니 환경정화 문제는
100번 강조해도 부족하지 않다

한국은 섬유 · 의류제조 기업들이
친환경 보일러
쓰레기 연료 사용
폐수 재활용 시스템을 도입
탄소 중립에 적극 동참하고 있다

탄소 중립에 앞장선 나라에
쓰레기 연료 사용 나라에
환경 노벨상을 줘야 한다

노벨상은 인류를 위해 공헌한 이에게…

자연이 하는 말

말로만 하지 말고
행동으로 보여줘

좀 더 빨리
좀 더 빨리 행동하라구

여성의 참여도와
젊은이들의 참여가 중요해

선진국들은 투자협력 약속을
파리 기후변화협약의 약속을
말한 대로 협력하고 지키자

제5부 생수병의 비극

5대양 7대주
생수병의 비극
산업폐기물 자본논리로
여름이 8개월
원전 환경안전 괜찮은가
다회용기 사용 캠페인
포도주 맛이 이상해
내일이면 늦으리
바다가 많이 아파요
한국 공기는 맑음
폭염이 수상하다
쓰레기통의 말
상속시대 상실시대
바닷꽃 잘피
11월의 크리스마스

5대양 7대주

"인간이 지구를 파괴하면
그 자신도 멸망할 것이다"
알버트 슈바이처의 예언이었다

지구온난화의 자연재해는
생태계 붕괴, 식량 위기, 질병 등의 재난이
인류와 지구의 미래를 위협한다

인류가 버린 플라스틱
거대한 플라스딕 섬이 생겨
6대주에서 7대주가 되었다

기술 혁명과 발전으로
생태계 파괴하는 속도가 빨라진다

가정 폐기물, 산업폐기물
거대한 먼지, 폐허의 흔적
서로 다른 가치를 추구한 결과물

생수병의 비극

아침에 일어나
생수병 뚜껑을 연다

물을 마시며
하루를 시작한다

아침 식사
점심 식사
저녁 식사
식탁 위에 늘 생수병이 놓인다

생수병에 제일 많은
미세플라스틱

생수병에서 시작되는
미세플라스틱 마시기
어떡하나!!

산업폐기물 자본논리로

맘에 들면 붙잡고
맘에 안 들어 돌아서면 그뿐
그게 세상 시장 논리이다

서울시민 1천만 명 살림살이
소각장이 단 4곳뿐

종량제 봉투에 담긴 폐기물
2026년부터 수도권은
매립할 곳이 더 이상 없다

돈 되는 일이라면
못할 게 없는 K-자본주의

대기업들이
산업폐기물사업에 손을 댔다

K-자본주의
걱정했는데 늦었지만 다행이다

여름이 8개월

인류 역사가 위기에 국면했다

지구의 평균기온이 1.5℃를 넘으면서
기후에 붉은 신호등이 켜졌다

기후 과학자들의 코멘트
기온이 40도에 육박할 것이란다

4월부터 11월까지
여름이 8개월이 되면

폭염, 홍수로 식량 경작도 위기이고
해수면 상승으로 육지도 축소될 예정

탄소연료 자유주의 마지노선
저 1.5℃ 마지노선을 주의 깊게 살펴보자

여름이 8개월이래요…

원전 환경안전 괜찮은가

탄소중립과 안전을 이유로
가동중지한 적 있는 탈원전 정책

석유 석탄 사용이 늘어나며
환경오염이 더 심각해졌다

××원전에서 30km 지역의 농수산물
꽃게, 토마토, 대파, 새우, 조개 등
해마다 안전 검사를 실시한다

원전이 경제적으로 효율성이 높아도
지역주민들은 불안하다
불안을 해소시켜주어야 한다

다회용기 사용 캠페인

종합운동장 경기장에서
경기 한번 치르고 나면
쓰레기산으로 몸살을 앓는다

성남시가 다회용기 사용 캠페인 후
400kg의 쓰레기를 100kg으로 줄였다
용기 회수율은 97%

배달업체, 장례식장, 카페, 식당 등
다회용기 사용하여
쓰레기 줄이기 운동 동참하자

포도주 맛이 이상해

입맛이 변했나
맛이 변했나
예전 같지 않아
도수도 높아지고

온난화 현상으로
포도 재배지 기온이 올라가
포도 당도가 높아지니
맛이 달라진 것이다

지구가 더워져서
생태계가 변하니
포도주도 열 받았네

내일이면 늦으리

사랑도 내일이면 시든다
오늘 밤 속삭임이 중요하다

기후 변화에 대응하는
탄소 중립 정책
오늘 밤,
지금.
당장,
몸소 실천해야 한다

각 부처들 이해관계에 얽혀
차일피일
벼락 떨어지기 전에

바다가 많이 아파요

신음소리가 들려요
바다가 많이 아픈가 봐요
아마도 암인가 봐요

태평양의 거대한 플라스틱 섬
한반도의 7배 크기래요

암 덩어리가 너무 커 수술하기도 어렵대요
태풍도 바다가 아파 내는 신음이래요

바다오염의 주범 플라스틱
생산자는 소비 폐기까지 책임져야 해요

환경보호를 위해 해야 할 일과
하지 말아야 할 일 진지하게 생각해요

한국 공기는 맑음

이산화탄소 배출량 비교
중국은 30.6 %
미국은 13.5 %
한국은 2.0 %

오!
대한민국은 티격태격 다투어도
세계 시민의식은 일등
좌뇌의 천재들
양심가는 우뇌 발달

세계인이여!
온실가스 줄이기
이산화탄소 줄이기 첫 번째
대한민국이 실천하고 있어요

한국 자동차는 약 2,638만대
그래도 공기는 맑음이에요

폭염이 수상하다

2024년 9월에도 섭씨 34℃
내일이 문제가 아니라
당장 오늘 지금이 문제다

빙하가 녹으며 닥쳐온 기후위기
빙하가 녹으며 가을이 여름이다
10월의 제주도 한낮은 32℃

롤러코스터 같은 날씨
해결책이 무수히 쏟아지지만
중요한 것은 정책자들의 결단
늦어지면 경비도 많이 들고 피해도 크다

쓰레기통의 말

주인님
내게 버려주세요
더러운 것은

쓰레기를 아무데나 버려
바다에 거대한 쓰레기 섬이 생겼어요

아무 데나 버리시면 안 돼요
재활용은 따로 분류해 버리며
환경오염도 생각하세요

더럽고 위험하고 성가시고
쓸모없다고 생각하는 쓰레기

반가운 소식 전합니다
쓰레기 모아 전기를 만든다네요

상속시대 상실시대

내 자식이 부럽다
나와 내 아내가 모은 재산 적지 않은데
너는 부모님으로부터
물려받을 부동산이 있다

언젠가 이 모든 재산을
하나뿐인 내 자식이 물려받는다
미래에 돈 때문에 아쉬울 일이 없겠구먼

자랑인겨 한탄인겨
출산율 하락으로
재산 물려받을 자식이 없는 친구

머잖은 미래에 부가 집중되는 상속의 시대
3세를 낳은 자식에게만 유산상속하자

바닷꽃 잘피

바다에서 꽃을 피우는 식물
작은 갈대 모양의 여러해살이풀

식물의 이름은 잘피
세계 72종이 사는데
우리나라 바다에 9종이 서식한다

잘피는 탄소 흡수력이 좋고
열대우림보다 35배 빠른 성장
탄소저장률 높은 잘피 바다숲

여수 앞바다에 잘피 5만 그루를
심은 기업에 포상해야 한다

바다의 산성화 방지하는 잘피
탄소저장률 높은 다시마, 갈조류들도…

11월의 크리스마스

첫눈이 엄청나게 쏟아졌다
2024년 11월 26일
순식간에 내린 함박눈
온통 하얗게 변한 세상이 아름답다

학원에서 방에서
공부만 하던 아이들
밖으로 뛰어나와 소리 지르며
강아지처럼 이리 뛰고 저리 뛴다

눈사람을 만들며
눈뭉치를 던지며 눈놀이로
비명을 지르며
오랜만에 행복한 세상이다

이튿날 출근길
습설*로 나무가 부러지고
교통이 마비되었다

* 기후이상으로 습기를 많이 먹은 무거운 눈

제6부 가파도의 눈물

11월의 첫눈
친환경 수소에너지
문명은 행복한가
먹이사슬 위험사슬
플라스틱을 먹었어요
칼라플한 플라스틱
이런 나라도 있어요
태평양에 플라스틱 섬
탄소중립이 답이다
지구에게
포항시의 도시 숲
기후위기
태양광에너지는 무한
가파도의 눈물
인식의 숲

11월의 첫눈

누가 순백을 아름답다 했나
나는 순백의 폭력이 무섭다

단풍나무가 비명을 지르자
소나무의 단말마적 외침

겨울을 대비하지 못한 나무들
팔이 부러지고 머리가 꺾인다

삽시간에 내린 폭설이
세상을 묶어버렸다

갑작스런 폭설로 여기 저기
들려오는 나무들의 비명소리

함박눈의 습설은 기후탓이란다

친환경 수소에너지

수소는 친환경 에너지
메탄을 열분해하여 생산되는
'청록수소'라 불리는 청청 에너지

이산화탄소를 배출하지 않는
친환경 에너지원이다

에너지 자원이 부족한 우리나라는
비용도 낮을 것으로 예상하는
수소에너지를 활성화해야 한다

문명은 행복한가

문명의 발전이 안겨주는 안락함
무분별한 개발로 파괴된 자연
생태계의 숨가쁜 소리를 외면했다

여름엔 살충제 사용으로 벌들이 사라지고
가을엔 사과가 열리지 않았다

산을 깎고 나무를 베어내 만든
케이블카를 타며 즐거워했다

인간이 인간에게 한 폭력은 규탄하며
인간이 자연에게 한 폭력은 외면한다

먹이사슬 위험사슬

위험사슬은 미세플라스틱이
사람 몸으로 들어오는 과정

낡은 플라스틱이 가루가 되면
땅으로 바다로 흘러들어가 섞인다

플랑크톤이 미세플라스틱을 먹고
물고기가 플랑크톤을 먹는다

식탁 위의 올린 생선요리
사람이 맛있게 먹는다

먹이사슬이 위험사슬임을 안다면
과연 생선이 맛있을까요

2050년에는 물고기 숫자보다
더 많아질 플라스틱 숫자

이런 사실을 알아도
모른 척하실래요

플라스틱을 먹었어요

유명 마트에서 사온
김치포장지에서
이상한 물질을 발견했다

가늘고 긴 머리카락보다 굵은
플라스틱이었다

이것보다 더 짧고 작은 것은
먹었을 수도 있겠구나

그동안 얼마나 먹었을까
생각하니 갑자기 식욕이 사라진다

편해서 즐겨 쓰던 1회용 플라스틱
나부터 조금씩 줄여야겠다

칼라플한 플라스틱

플라스틱 용기
예쁘게 칠한 색깔의 원료

플탈레이드
비스페돌A
과불화화합물 이라네요

이것들은 발암물질
유전 독성물질로 분류되는
화학약품이랍니다

이런 나라도 있어요

덴마크에 가면
에어컨이 없답니다
호텔 음식점에도 없답니다

건물 외곽은 에어컨 배설장치가 없어
깨끗하고 예쁘답니다

자동차보다 자전거가 더 많답니다
이런 게 인류애 아닐까요

태평양에 플라스틱 섬

플라스틱 섬이
바다에 떠다닌다는 얘기 들었어요

인류가 쓰고 버린 플라스틱이
얼마나 큰지 상상이 되세요?

대한민국의 16배 크기랍니다
엄청나게 크지요

그 섬은 섬이 아니라
플라스틱 육지입니다

탄소중립이 답이다

2025년 2월에 꽃이 피더니
3월엔 폭설이다

산불이 강풍을 만나
산하를 잿더미로 만들었다

재난은 일어나면 초대형
기상청은 역대 최대규모란다

집을 잃은 사람들
기후난민이 된 사람들

쓰레기 소각장에서 퍼진 불씨
꺼진 불도 다시 보자

지구에게

많이 아프지
많이 힘들었지
많이 참았지

도와줄게
울지 마
우리 다시 시작하자

포항시의 도시 숲

철강 산업 중심도시 포항
자연 탄소배출량이 많은 도시가
탄소중립 선도도시로 태어났다

이차전지,
수소,
바이오,
기업들 투자유치에 성공
3관왕 석권 성과 거두어
포항시가 새롭게 태어났다

축구장 107개 규모의 크기
76만m^2의 녹지 공간을 만들어
도시 숲이 5곳에서
탄소중립 실현하고 있다

산업생태계를 혁신적으로 조성한 포항
우리 놀러가서 응원해요

기후위기

낯설지 않은 단어
인류는 1만 년 전 빙하기가 끝나고
홀로세Holocene가 시작되었다

지구온도 1850년부터 지금까지 1.2℃ 올랐는데
2100년 2.7℃오를 것이라 예고한다
인류가 더위로 문제된 적은 처음으로
뉴노멀 준비하라 전문가들은 경고한다

2025년 7월 서울기온이 37℃
장마철임에도 가뭄이 계속되다가
갑자기 쏟아진 비로 홍수사태가 났다

이 모두가
기후 변화의 증거들이다

태양광에너지는 무한

영국의 싱크탱크 엠버는
2025, 세계에 에너지 전환을 발표
태양광 29%, 474TWH(테라와트시) 목표다

태양광발전량은 비용감소 시공감소로
저렴하여 수입할 필요가 없고
탄소배출도 줄일 수 있어
전 세계에 호응을 얻고 있다는데

한국은 태양광 발전에 주춤하며
국토가 작아 태양광 설치가 어렵다네요

경상도 크기의 대만은 지난 2년간
국가정책으로 태양광을 40% 늘렸다고 한다

느슨한 정책이 다른 나라보다 비싸게 되고
결국 수요자의 몫으로 돌아온다

가파도의 눈물

가오리를 닮은 가파도에
에너지자립성 지역으로 선정되어
탄소중립을 목표로 146억을 투입하여
풍력발전기와 태양광 패널이 설치되었다

13년 후 지금 지붕엔 패널만 덩그러니 있을 뿐
지원금은 날아가고 관리가 안 되어
이 사업의 흔적만 남아있다

풍력발전기는 인도산
배터리는 일본산
다른 부품은 중국산
조합이 안 되니 작동이 안 되는 건 당연하다

주민들은 실험대상이었다며 불만을 토하고
당국은 간보기식 눈치만 보고 있다

인식의 숲

나무는 숲에 살고
물고기는 물에 산고
사람은 생각의 숲에 산다

현대를 사는 사람들
어떤 나무의 열매를 먹고
어떤 물을 먹고
어떤 생각으로 하나

인파의 파도 속에서
하루를 지우며 사는 사람들
도심 속 오염된 무인도에 산다

함께 살아가는 지구촌
생각의 숲을 키워
살기 좋은 지구촌 만들기에
우리 모두 손잡아요

해설

이 지구를 살리고자
애쓰는 시인이 있다니

이승하 (시인, 중앙대학교 교수)

    21세기가 된 지도 그새 4반세기가 지났다. 20세기의 마지막 날, 전 세계에서 많은 사람이 20세기를 보내고 21세기를 맞으면서 소망을 빌었다. 전쟁이 없기를. 천재지변이 없기를. 공해가 없기를. 우리 가족이 무병 무탈하기를. 새로운 세기를 벅찬 감회로 맞았던 많은 사람이 지금은 지구촌의 밝은 청사진 대신 지구라는 행성의 운명에 대해 아주 불안한 시각을 갖게 되었다. 22세기를 맞이할 75년 뒤에 이 지구의 모습은 어떻게 변해 있을까? 확실한 것은 남극 대륙과 북극 빙하가 사라지고 없을 텐데, 그로 말미암은 영향은 상상이 잘 가지 않는다. 지구 온난화는 더욱 심해질 것이고 오존층 파괴, 미세먼지의 창궐, 신종 질병의 등장도 예측이 가능하다. 플라스틱으로 된 섬은 점점 많아지고 점점 커질 것이다.
    2020년과 2021년은 코로나19 바이리스가 지구촌을 강타한 해이고 2022년부터 약화되긴 했지만 독감 증세 혹은 폐렴 증세로 죽어도 코로나로 죽는 것과 다를 바 없으니 인류가 코로나를 퇴치했다고 볼 수 없다. 일반화되었을 뿐이다.
    20세기 중반부터 중동 지방은 거의 언제나 전쟁 중이

다. 러시아-우크라이나 전쟁은 도대체 언제 끝날 것인가. 핵보유국들의 핵미사일 시험이 어떻게 진행되고 있는지 알 수 없지만 북한은 매달 한 번은 하는 것 같다. 지구 곳곳의 지진과 홍수 소식은 끊이지 않는데 화산들도 가세하려고 꿈틀대고 있다. 게다가 대형 산불은 미국과 호주에서만 매년 발생하는 것이 아니다. 이런 생태계의 위기에 대해 이 땅의 시인들은 어떤 생각을 하고 있는 것일까?

1980년대와 90년대에 많은 문인이 환경문제에 대해 고민하면서 자신의 작품에 소재 혹은 주제로 다루었다. 그런데 세기가 바뀌자 이 문제는 자취를 감추고 말았다. 그 이유는 여러 가지 있을 텐데, 문인이 이 문제를 거론해봤자 독자들이 관심을 갖지 않게 되었기 때문이다. 90년대에 '생태환경시집'을 표방하고 나온 시집들이 있었다. 『새들은 왜 녹색별을 떠나는가』(다산글방, 1991), 『이 땅에 살기 위하여』(우아당, 1991), 『우리는 핵 없는 세상에서 살고 싶다』(도서출판 정금, 1994), 『동강의 노루 궁뎅이』(베틀·북, 1999)

『우리는 핵 없는 세상에서 살고 싶다』는 '녹색시' 동인이 펴낸 동인지 1집인데 2, 3집이 나왔는지는 모르겠다. 『동강의 노루 궁뎅이』는 동강 살리기에 동참한 소설가 정찬과 최성각, 시인 신경림·이하석·정호승·최승호·신현림이 작품을 내 만든 사화집이다. 이외에도 이런 유의 시집이 꽤 나왔지만 언론이 관심을 갖거나 독자의 호응을 받은 시집은 없는 것으로 안다.

인류를 위협하고 있는 것 중에 핵무기가 있다. 시인 중에서 허수경이 1988년에 낸 『슬픔만 한 거름이 어디 있으랴』에서 조선인 원폭 피해자를 연작시로 다룬 적이 있었다. 고형렬은 1991년에 '환경시'라는 타이틀을 붙여서 시집 『서울은 안녕한가』를 냈고 1995년에는 핵 관련 문제를 본격적으로 다룬 장시집 『리틀보이』를 냈다. 『리틀보이』는 300쪽에 달하는 시집으로, 일본의 히로시마와 나가사키에 투하된 원자폭탄의 피해자 중 조선인들이 많았기 때문에 남의 이야기가 아니라 우리의 이야기로 아주 심도 있게 다뤘다.

앞에서도 말했지만 시인들의 이런 작업에 언론과 독자는 별다른 관심을 표하지 않았다. 그러자 세기가 바뀌고 '이념' 혹은 '주제의식'이 문학의 장에서 후퇴하자 환경은 환경론자에게 맡기자는 식의 암묵적 동의가 이루어져 명칭이 환경시, 생태시, 생명시 등으로 불리던 것들이 그만 사라지고 말았다.

이 글을 쓰고 있는 해설자는 고향이 경북 김천金泉이고 직지사 계곡물과 시냇물 감천甘川을 사랑하는데 물이 맑은 내 고향이 예전 같지 않아서 슬픔이 크다. 게다가 집의 아이가 태어나서 지금까지 아토피성 피부염으로 고통받는 것을 보면서 생태환경문제에 관심을 갖고 오랫동안 시의 소재와 주제로 천착해 왔다. 그래서 시집 『생명에서 물건으로』 『뼈아픈 별을 찾아서』 『아픔이 너를 꽃피웠다』 『나무 앞에서의 기도』 등을 통해 지구촌의 아픔을 다루어 왔는데, 평단의 조명을 받지도 못하였고 독자의 사랑도 받지 못해서 맥이 빠져 있던 것이 사실이다. 그런데 지은경 시인의 시집 원고 『지구가 뜨거워요』를 읽고 깜짝 놀랐다. 이 땅의 시인 가운데 지금 이 시대에 이토록 낡은 소재에 집착하고 있는 시인이 있다니! 그런데 생태환경 소재가 과연 낡은 것일까?

이 시집의 시 몇 편만 읽어보아도 알 수 있을 것이다.

지구 행성이, 우리 인류가 직면해 있는 가장 큰 문제가 바로 생태환경에 관련된 문제라고. 이것은 단순히 소재주의의 차원이 아니다. SF소설이 흔히 다루는 '지구의 종말'을 과학적인 근거를 갖고 논할 때 종말은 결코 먼 미래의 일이 아니다. 공상과학의 얘기가 아닌 것이다. 미래학자들은 정말 끔찍한 예측을 내놓고 있다. 특히 스티븐 호킹은 인공지능(AI)과 기후 변화, 핵전쟁, 변종 바이러스, 인구폭발 등이 인류의 종말을 앞당길 잠재적 위협 요소로 보았다. 이 가운데서도 특히 기후 변화는 호킹이 말하는 인류 종말의 가장 심각한, 가장 직접적인 원인 중 하나이다.

그는 지구 온난화의 위험을 되돌릴 수 없게 되는 '티핑포인트(tipping point)'를 강조했다. 이 때문에 초선 당시 트럼프 대통령의 파리기후협약 탈퇴 결정에 대해 깊은 우려를 표시했다. 그는 "인류가 지구 온난화를 되돌릴 수 없는 시점에 가까이 와 있다."며 "때가 되면 지구는 섭씨 460도의 고온 속에 황산 비가 내리는 금성처럼 변할 것이다."고 말했다. 그는 트럼프 미국 대통령의 파리협약 탈퇴 같은 행동은 지구를 벼랑 끝으로 몰아갈 거라고 경고했다. 그런데 트럼프는 재선이 되었고, 대통령 취임 연설을 마치고 바로 한 첫 번째 권리 행사가 파리협약 재탈퇴였다. 이제 지은경 시인의 시를 살펴보도록 하자. 제일 앞의 시다.

저 현란한 색깔과 모양 좀 봐
쇠처럼 녹슬지 않고
가볍고 튼튼하고 썩지도 않는

그릇 한 개 만드는 데 5초
사용하는 데 5분
분해되는 데는 500년 걸린대요

태평양 바다에 플라스틱 섬이 생겼어요
새들이 플라스틱을 쪼아 먹어요
물고기가 기형이네요

현대는 플라스틱 시대
썩지 않는 유해성 화학물질
인류 최고의 발명품이
인류 최악의 발명품이 되었어요

─「알고 계세요?」 전문

 "인류 최고의 발명품이/ 인류 최악의 발명품이 되었어요"라는 결구가 가슴을 아프게 찌른다. 1909년 벨기에 출신 리오 베이클랜드는 전기 공업에 필요한 절연체를 찾던 과정에서 플라스틱을 발명하였다. 우리가 쓰고 있는 페트병은 합성수지 플라스틱이다. 플라스틱도 발전을 거듭했다. 전에는 가공이 쉬운 반면 열에 취약했는데 유리섬유와 탄소 등이 첨가되면서 우수한 성형성과 가공성, 내열성 그리고 내충격성까지 겸비하게 되어 총탄도 뚫을 수 없을 만큼 강해졌고 금속이나 세라믹까지 대체 가능한 수준에 이르렀다. 오스트리아에서는 세계 최초로 플라스틱 화폐가 등장하였고 중국 등 다른 국가들도 플라스틱 화폐를 상용화할 단계에 이르러 있다. 종이 화폐에 비해 플라스틱 화폐가 사용 기한이 길고 내구성이 있다. 플라스틱으로 인한 환경의 문제가 커짐에 따라 친환경 플라스틱이 개발되기 시작, 생분해성 플라스틱과 광분해성 플라스틱이 나왔지만 가격이 비싸고 석유나 천연가스를 원료로 사용해 향후 고갈 가능성이 있다. 문제는 이미 전 세계를 플라스틱이 덮어버렸다는 것이다.

> 놀라지 마세요
> 우리가 숨 쉬고 있는 공기에서도
> 미세플라스틱이 검출됐어요
>
> 우리나라 국민 1인당 플라스틱 배출량은
> 연간 90kg으로 호주에 이어 세계 2위
> 배달음식문화가 해마다 30%씩 증가해요
>
> 국토 면적은 좁고 인구밀도는 높고
> 쓰레기 리스크가 큰 우리나라는 쓰레기 전쟁 중
> ××지역에서 '소각장 반대' 공동이용 거부합니다
>
> 해마다 6월 5일은 세계환경의 날
> 1973년 국제사회가 지구환경보전을 위해
> 해마다 기념행사를 갖습니다
>
> 환경의 날, 제주도는 일회용컵 보증금제를 도입
> 플라스틱 줄이기에 앞장서 왔는데, 이젠
> 환경을 위해 국민 모두 동참해야 해요
>
> ―「허공의 플라스틱」 전문

국민 1인이 한 해에 버리는 플라스틱이 90kg이라니 남한 인구를 5,000만 명이라 치면 45억kg이다. 코로나 사태 3년 동안 플라스틱 사용이 폭증하였다. 시인은 「생수병의 비극」「플라스틱을 먹었어요」「칼라플한 플라스틱」등을 통해 계속해서 우리에게 경고의 메시지를 보낸다. 플라스틱을 이렇게 계속 써야 되겠냐고. 커피점에 가보라. 빨대는 일부 종이 재질로 바뀌었지만 용기容器는 그대로다. 플라스틱 섬이 있다는 얘기는 들었지만 대한민국 면적의 16배라니!

   플라스틱 섬이
   바다에 떠다닌다는 얘기 들었어요

   인류가 쓰고 버린 플라스틱이
   얼마나 큰지 상상이 되세요?

   대한민국의 16배 크기랍니다
   엄청나게 크지요

   그 섬은 섬이 아니라
   플라스틱 육지입니다

―「태평양에 플라스틱 섬」전문

지은경의 시집에는 이와 같이 생태환경에 대한 정보의 전달이 중요한 역할을 하지만 우리가 본받아야 할 것에 대해서도 종종 얘기한다. 즉, 고발에 그치지 않고 생존을 위한 출구를 모색하는 것이다.

   덴마크에 가면
   에어컨이 없답니다
   호텔 음식점에도 없답니다

건물 외곽은 에어컨 배설장치가 없어
깨끗하고 예쁘답니다

자동차보다 자전거가 더 많답니다
이런 게 인류애 아닐까요

—「이런 나라도 있어요」전문

우리나라는 박정희 대통령이 집권한 이후 공업입국, 산업화, 경제발전에 총력을 기울였다. 이 작은 나라가 60년 만에 세계 10위권의 경제대국으로 성장할 수 있었던 것은 반도체, 자동차, 선박, 철강재의 수출에 힘입은 바 크다. 그런데 성장 일변도 정책 안에 생태환경에 관련된 것은 들어 있지 않았다. 오직 건설과 개발, 생산과 발전만이 정답이라고 생각하고서 매진해 왔다. 시인은 우리에게 이제는 반성해야 한다고 촉구하고 있다. 소시민으로서 할 수 있는 일에 어떤 것이 있는지 세세히 제시하기도 한다. 새 에너지로 물이나 천연가스에서 수소를 분리하여 얻은 수소에너지로 대체될 것임을 알려주기도 한다. 태양열이나 풍력의 도움을 받는 미래의 에너지 산업도 예측한다.

해설자는 시집 독서를 통해 바닷꽃 잘피의 효능을 알게 되었고 그린워싱의 이율배반적 행태도 알게 되었다. 지구 온난화가 지구촌 곳곳에 폭염뿐만 아니라 홍수, 태풍, 산불, 한파를 가져온다는 것도 알게 되었다. 이런 지식을 지혜로 승화시키기 위해 우리가 무엇을 실천해야 하는지도 알게 되었다. 그런 점에서 이 시집은 몇십 권의 환경오염과 생태계 보호에 관한 책을 읽은 효과가 있다. 이제 주제를 달리한 시를 2편 볼까 한다. 시집을 읽다가 맞다 맞아, 감탄하며 쓴웃음을 지었는데 독자들은 어떤 반응을 보일지.

  내 자식이 부럽다
  나와 내 아내가 모은 재산 적지 않은데
  너는 부모님으로부터
  물려받을 부동산이 있다

  언젠가 이 모든 재산을
  하나뿐인 내 자식이 물려받는다
  미래에 돈 때문에 아쉬울 일이 없겠구먼

  자랑인겨 한탄인겨
  출산율 하락으로
  재산 물려받을 자식이 없는 친구

  머잖은 미래에 부가 집중되는 상속의 시대
  3세를 낳은 자식에게만 유산상속하자

                        —「상속시대 상실시대」 전문

  일종의 세태풍자시다. 요즈음 20대와 30대가 결혼하여 집을 장만하는 것이 쉽지 않다. 믿는 것이 있으니, 부모님의 유산이다. 물려받을 때까지 어떻게든 버텨보는 것이다. 그런데 자식이 슬하에 자식이 없으면 그 자신은 훗날 물려줄 대상이 없다. 1인 가정이 폭발적으로 늘고 있으므로 유산을 물려줄 자식이 없는 경우도 분명히 늘어날 것이다. 손자나 손녀를 낳은 자식에게만 유산을 상속하자는 말에 십분 공감한다. "언젠가 이 모든 재산을/ 하나뿐인 내 자식이 물려받는다/ 미래에 돈 때문에 아쉬울 일이 없겠구먼"이 결코 농담이 아니다. 현실이 될 것이다.

> 모든 생물은 생존을 위해
> 에너지를 생식에 쏟아 붓는다
>
> 그러니 있을 때 잘해
> 이혼할 때 후회하지 말고
>
> 그래 있을 때 잘해
> 임종 때 후회하지 말고
>
> 유행가 노래가 철학이다
>
> 지구촌의 수컷들아
> 너희가 사정한 것이
> 전부 새끼 깔 줄 알았지?
>
> 죽기 살기로 싸워 서열을 지키면 뭘해
> 젊은 암컷들이
> 너 닮은 자식 하나 낳아주지 않잖아
>
> 있을 때 잘해!
>
> ―「있을 때 잘해!」 전문

결혼을 하지 않고 살아가는 20대, 30대, 40대가 내 주변에는 왜 이렇게 많은가. 결혼은 했지만 자식은 낳지 않고 고양이나 강아지를 키우는 집이 왜 이렇게 많은가.

황혼이혼은 또 왜 이렇게 많은가. 1인 가구의 젊은이도 노인도 라면과 햇반이 있는데 '혼밥'이 두렵지 않다. 반찬을 파는 가게에 가보면 수십 가지 반찬이 일손을 들어주고 있다. 김치를 담그는 집이 예전에는 열 집 중 아홉이었는데 지금은 백 집 중 한 집이다. 어제는 서초동의 이혼 전문 변호사에게 결혼 후 5년 이내 이혼율이 급증하고 있다는 말도 들었다. (세상의 모든 남편이여, 아내가 있을 때 아내의 눈치를 보면서 잘해야 합니다. 싹싹하게 굴어야 합니다.)

다시 환경문제로 돌아가 보자. CBAM이 탄소국경관리제도의 약자라고 한다. CCUP가 무탄소에너지의 약자라고 한다. 시인은 「유럽의 혁신」에서 말한다. "후손에게 물려 줄 지구촌"이라고. 100% 진리다. 하지만 이 땅의 현실은 아이를 의사로 만들겠다고 세 살, 네 살 때부터 과외 교육을 시키는 것이다. 홍성대의 『수학의 정석』을 중학생이 푼다고 한다.

일본이 후쿠시마 원전사고 오염수를 바다에 방류해도 우리는 가만히 있었다. 북한이 사흘 도리로 핵실험을 해도 먼 산 불 보듯이 해왔다. 그러는 동안 오염된 땅, 오염된 강, 오염된 근해를 우리는 아이에게 물려주게 되었다. 오염된 바다에서 난 생선과 오염된 육지에서 자란 짐승의 고기를 먹고 그 아이가 병에 걸렸다면 의사가 된들 자기 병을 치료할 수 있을까? 시인의 다음과 같은 말이 조금도 과장이라고 생각되지 않는다.

사랑도 내일이면 시든다
오늘 밤 속삭임이 중요하다

기후 변화에 대응하는
탄소 중립 정책
오늘 밤,
지금,
당장,
몸소 실천해야 한다

각 부처들 이해관계에 얽혀
차일피일
벼락 떨어지기 전에

— 「내일이면 늦으리」 전문

  지은경 시인은 이렇게 혼신의 힘으로 절규하고 있다. 차일피일 미룰 일이 아니라고. "2025년 2월에 꽃이 피더니/ 3월엔 폭설이다// 산불이 강풍을 만나/ 산하를 잿더미로 만들었다"고 발을 동동 구르고 있다. 누구나 다 아는 뻔한 얘기를 하고 있다고 코웃음을 칠 일이 아니다. 얼마나 심각한지, 얼마나 절박한지 우리는 느껴야 한다. 깨달아야 한다. 지구에게 시인이 한 말, "많이 아프지/ 많이 힘들었지/ 많이 참았지// 도와줄게/ 울지마/ 우리 다시 시작하자"는 바로 지금 우리 인간에게 해주는 말이기도 하다. 최후의 위기는 아직 오지 않았다. 2025년 지금부터라도 우리가 정신을 바짝 차리고 분리수거, 근검절약, 재활용을 한다면 종말의 순간을 늦출 수 있고 회복기를 맞이할 수도 있다. 다행히도 실제 그렇게 하고 있는 지역이 있다.

  우리나라 온실가스 전체 11%가

충남에서 배출됩니다

전국 꼴찌에서 1등 목표로
탄소 배출 감소를 위해

충남이 발 벗고 나섰습니다

충남의 탄소 중립은
바로 국가의 탄소 중립이니까요

―「충청남도 홧팅!」 부분

충청남도가 계속 파이팅하여 생태환경을 제대로 보호한 모범사례가 되기를 바란다. 우리나라의 섬유와 의류제조 기업들이 탄소 중립에 적극적으로 동참하고 있다는 것도 고무적인 일이다. 지레 절망하고 체념할 필요가 없는 것이다.

한국은 섬유·의류제조 기업들이
친환경 보일러
쓰레기연료 사용
폐수 재활용 시스템을 도입
탄소 중립에 적극 동참하고 있다

탄소 중립에 앞장선 나라에
쓰레기 연료 사용 나라에
환경 노벨상을 줘야 한다
―「탄소 중립 국가에 환경 노벨상을」 부분

유럽의 이런저런 나라에 비해 우리나라가 환경문제에

둔감했던 것이 사실이다. 특히 안타까운 것은 전국 어디를 가더라도 조망권을 완전히 무시한 채 아파트가 난립해 있다는 것이다. 비어 있는 아파트가 그렇게 많다는데 전국 어디를 가나 아파트 건설 공사가 한창이다. 그린벨트가 해제되면 그 자리에 바로 아파트 단지가 들어선다. 유럽에 가보면 마을마다 아기자기, 옹기종기, 나직나직, 얼마나 보기 좋은가. 우리가 산업화 이전의 농경사회로 돌아가는 것은 불가능하고, 온 국민이 노력하면 오염과 붕괴를 늦출 수 있을 것이다.

2025년 올해 여름은 유독 덥다. 7월 한 달의 열대야 일수가 기상관측을 한 이래 제일 많은 수치인 22일을 기록했다고 한다. 몇 년 내로 30일이 되는 게 아닐까. 시인은 이미 「지구가 뜨거워요」 「여름이 8개월」 「폭염이 수상하다」 등에서 이 문제를 다루고 있었다. 해마다 더 더워질 거라니, 참으로 심각하다.

시집을 읽으면서 큰 충격을 받은 시가 있어서 마지막으로 거론해볼까 한다.

> 가오리를 닮은 가파도에
> 에너지자립성 지역으로 선정되어
> 탄소중립을 목표로 146억을 투입하여
> 풍력발전기와 태양광 패널이 설치되었다
>
> 13년 후 지금 지붕엔 패널만 덩그러니 있을 뿐
> 지원금은 날아가고 관리가 안 되어
> 이 사업의 흔적만 남아있다
> 풍력발전기는 인도산
> 배터리는 일본산
> 다른 부품은 중국산

조합이 안 되니 작동이 안 되는 건 당연하다

주민들은 실험대상이었다며 불만을 토하고
당국은 간보기식 눈치만 보고 있다

—「가파도의 눈물」 전문

  국민이 낸 세금 146억원을 들여서 만든 풍력발전기와 태양광 패널이 무용지물이 되고 말았다. 책임을 진 사람이 있었을까? 대국민 사과를 한 사람이 있었을까? 이런 식의 실패 사례가 너무나 많아서 다 밝히면 책이 한 권 될 것이다. 이제 우리 모두가 환경 감시자가 되어야 한다.
  시집 한 권 독서를 통해 모르던 것도 많이 알게 되었고, 막연히 생각하고 있던 것을 구체적으로 알게 되었다. 새삼스레 결심도 하게 되었다. 앞으로는 방관자가 아니라 실천하는 사람이 되어야 하겠다고 마음을 먹었다. 오직 한 주제로 시의 우물을 깊이 파 내려간 지은경 시인의 작업에 경하의 뜻을 보낸다. 우리 모두에게 이 시집은 깊은 반성의 시간을 마련해줄 것이다.

지은경 시집

지구가 뜨거워요

초판 인쇄	2025년 7월 30일
초판 발행	2025년 7월 30일
지 은 이	지은경
펴 낸 곳	도서출판 책나라
등 록	110-91-10104호(2004.1.14)
주 소	⑨ 03377 서울시 은평구 녹번로 3가길 14, 라임하우스 1층 101호
전 화	(02)389-0146~7
팩 스	(02)289-0147
홈페이지	http://cafe.daum.net/sinmunye
이메일	E-mail / sinmunye@hanmail.net

값 13,000원

ⓒ 지은경, 2025
ISBN 979-11-92271-53-8

* 이 책 내용의 전부 또는 일부를 재사용하려면
  저작권자와 도서출판 책 나라 양측과 협의하여야 합니다.
* 저자와의 협의에 의하여 인지를 생략합니다.
* 파본은 구매 서점에서 교환하여 드립니다.